PROCÈS ET BIOGRAPHIE

DU

DR S. BERNARD,

AVEC

LA DÉFENSE COMPLÈTE

DE SON AVOCAT,

MR EDWIN JAMES, Q. C.

LONDRES, 1858.

HENRY BENDER, LIBRAIRE-EDITEUR,

Bureau Central de Publicité Étrangère,

23, Little Newport Street, Leicester Square, [w.c.]

Biographie du Dr. Bernard.

Simon Bernard naquit de parents respectables, à Carcassonne, en 1817. Sa famille était distinguée par ses opinions libérales, et dès son bas âge il en était imbu. Ayant atteint l'âge d'adopter une profession, il résolut d'étudier la médecine. Poussé à se livrer à cette étude par les conseils de ceux qui le connaissaient, qui étaient convaincus que de cette manière, il serait plus tard dans une position à soulager les souffrances du genre humain, il devint d'abord aide-chirurgien à bord d'un bâtiment de guerre. Il assista à l'attaque de Saint-Jean d'Ulloa ; et plus tard, dans les affaires de la Véra Cruz, il prodigua les soins les plus tendres aux blessés. En récompense de ses services, il obtint le grade de chirurgien en chef de la flotte de l'Uraguay. Il habita l'Uraguay jusqu'à l'époque où la paix fut conclue avec Rosas. De retour en France, il abandonna la marine. A l'âge de 25 ans, il devint rédacteur du journal démocratique de la ville de Turin. A la suite de procès intentés contre lui, il demanda un asile à la Belgique. Plus tard, il vint en Angleterre et fixa son séjour à

Bayswater, respecté de tous ceux qui le connaissaient. Accusé de complicité de tentative d'assassinat contre la vie de l'Empereur Napoléon, il fut arrêté et traduit devant la Haute Cour Criminelle d'Angleterre.

Nous donnons un extrait de ce procès, avec la défense complète de M. Edwin James.

COUR CRIMINELLE D'OLD BAILEY.

PRÉSIDENCE DE LORD CAMPBELL.

TENTATIVE D'ASSASSINAT CONTRE L'EMPEREUR DES FRANÇAIS.—PROCÈS DE SIMON BERNARD.

AUDIENCE DU 10 AVRIL.

La commission spéciale pour le jugement de Bernard, prévenu de félonie aux termes du 9e acte de Georges IV, chapitre 31, section 7, comme complice, sur le fait, des meurtres commis, le 14 janvier dernier, lors de l'attentat contre l'empereur et l'impératrice des Français, près de l'Opéra, à Paris, a été ouverte samedi dernier, à Old Bailey.

Après la prestation de serment des membres du grand jury, lord Campbell a exposé la législation et particulièrement l'acte du Parlement rendu sous George IV, qui établit que, dans un cas pareil à celui dont il s'agit, une comission dite d'*oyer and terminer* (cour de justice où les causes sont ouies et jugées) sera adressée aux personnes qui seront désignées par le lord chancelier ou le lord gardien, ou les lords commissaires du grand sceau, pour le prompt jugement de l'accusé. Ces personnes auront pleins pouvoirs à l'effet de faire enquête et d'ouir et juger lesdits actes criminels, dans le comté ou dans l'endroit désigné dans leur commission, exactement de la même manière que si les actes criminels avaient été commis dans lesdits comtés ou endroits."

Lord Campbell est ensuite entré dans l'énumération des faits sur lesquels repose l'accusation, après laquelle le Grand Jury se retire.

Très peu d'instans avant quatre heures, il est rentré dans la salle d'audience, et le chef du jury a déclaré "que le jury avait rendu un acte d'accusation contre " Simon Bernard, pour crime capital. "

AUDIENCE DU 12 avril.

Le public s'était beaucoup intéressé à cette affaire depuis l'arrestation du prévenu ; les récentes discussions du Parlement sur le bill de conspiration pour meurtre ont encore accru l'intérêt de ce drame judiciaire. L'absurde rumeur que de Rudio comparaîtrait pour déposer en justice est entièrement dénué de fondement.

On n'entrait dans la salle d'audience qu'avec des billets ; déjà la salle était remplie avant que les juges ne fussent venus siéger.

Voici les termes de la prévention : " Simon Bernard, âgé de " quarante-un ans, chirurgien, prévenu d'avoir avec félonie ex- " cité, provoqué et conseillé Felice Orsini et d'autres à faire et " commettre certaines félonies, à savoir: tuer et donner la mort " à certaines parties à Paris dans l'Empire français." Il est éga- lement détenu pour avoir conspiré illégalement avec Felice Orsini et d'autres, avec félonie, pour tuer un prince souverain, à savoir: S. M. I. Louis-Napoléon, empereur des Français. Il existe deux autres chefs d'accusation ; il est prévenu, comme principal auteur, d'avoir commis le crime d'homicide volontaire à Paris ; ce sont là des charges capitales. Aux termes de l'acte d'accusation, le prévenu est accusé de complicité avant le fait (ou la perpétration du crime).

Le prévenu comparaît à la barre. Il lui est donné lecture de l'acte d'accusation par le clerc de la cour. En finissant, le clerc lui adresse cette question: Etes-vous coupable ou non conpable ?

Le prévenu.—La cour n'est pas compétente pour me juger en vertu de cette accusation; je ne me défendrai pas.

Lord Campbell.—Si vous refusez de dire: " Coupable ou non coupable," conformément aux lois anglaises, on le fera pour vous.

M. Edwin James.—Le prévenu n'agit ici que de l'avis de son avocat. Défenseur du prévenu, je demande l'*oyer* (cour spéciale), et je requiers la lecture de la commission spéciale en vertu de laquelle siége la cour.

Lord Campbell, après s'être consulté avec les autres juges. — Nous sommes tous d'avis que la cour peut ordonner les débats sur le "non coupable," le prévenue refusant de se défendre. En conséquence, c'est dans ces termes que nous allons procéder. Maintenant, nous demanderons au prévenu s'il entend exercer son privilège d'être jugé par un jury mixte, composé par moitié d'Anglais et par moitié d'étrangers.

Le prévenu.—J'ai toute confiance dans un jury composé d'Anglais.

On a la plus grande peine à composer un jury, par suite du nombre de certificats de maladie produits, des absences et des récusations de la part du ministère public et du prévenu. Un juré, nommé Samuel Bernard, est récusé par le ministère public. Ce n'est pas avant onze heures que le jury peut prêter serment.

L'attorney général, en entrant en matière, dit que le prisonnier est accusé de complicité, avant le fait, dans certains meurtres commis en France. Parlant du lieu de sa naissance et de sa profession, le docte attorney général dit que, pour des raisons, qu'il est inutile de rappeler au prisonnier, il a cherché un asile en Angleterre. Il a résidé plusieurs années sous la protection de la Constitution du pays.

La cour procède ensuite à l'interrogatoire des témoins qui ne dure pas moins de quatre jours; comme ces détails ont été fournis déjà par les journaux des divers pays, nous croyons devoir les passer sous silence.

AUDIENCE DU 16 AVRIL.

M. Edwin James Q. C. prend la parole pour la défense. Il espérait que le jury ne croirait pas qu'il se servait de vaines expressions, quand il disait qu'il se trouvait opprimé par la magnitude de la cause qu'on lui avait confiée; car il était convaincu que de la discussion de ce procès, et de la déclaration du jury, on arriverait à des principes dont dépendait la liberté de toutes les nations civilisées du monde. C'était une gloire, et non pas une vaine gloire, que les membres du barreau anglais étaient prêts, en tout temps, à venir en aide au faible contre le puissant, à défendre l'opprimé contre l'oppresseur; — et dans ces lieux mêmes, Erskine, Brougham, Denman ont développé leurs talents et leur éloquence, en défendant ceux que le gouvernement avait voulu écraser pour avoir soutenu la liberté du peuple. —Ici même, qu'il lui soit permis de dire, en présence d'un des juges dont l'érudition, les talents et l'amour sacré de la justice étaient reconnus, ici même a plaidé un *Pollock* dont l'éloquence était tant appréciée dans la dernière cause célèbre concernant le gouvernement.

L'acte présent d'accusation a été porté devant le jury sous des circonstances extraordinaires. Mon noble ami, le docte attorney général, l'a présenté à la cour avec cette modération et cette dignité calme d'expression qui convenaient bien à un ministre de la justice ; mais il n'a jamais fait comprendre pourquoi ce procès a même commencé. Il n'a donné aucun motif qui puisse expliquer pourquoi a été engagé le débat qui doit terminer votre verdict. Il n'a pas dit pourquoi, comme si ce n'était pas assez du sang de Pierri et d'Orsini, il faut encore souiller un échafaud anglais du sang de Bernard. (Mouvement.) Il faut que cela soit expliqué, Vous connaîtrez les vrais motifs, je le crois : je vous dirai sur quelle base repose ce procès ; je vous ferai comprendre pourquoi un acte du Parlement, jusqu'alors oublié, a été exhumé du passé ; et pourquoi cette affaire a été portée devant vous sans ce courage, sans cette loyauté qui est généralement le cachet du barreau anglais devant une cour de justice anglaise.

L'attorney général ne nous a fait connaître de quelle manière, et par quel procédé d'un simple acte de conspiration, on a exhumé un ancien acte du Parlement, par lequel cet acte devient un motif d'assassinat.

Durant les interrogatoires, qui ont duré de semaine en semaine, au sujet d'une conspiration, soudainememt est découvert un ancien acte du Parlement, par lequel l'accusation devient une question d'assassinat. M. Bodkin découvrit cet ancien acte du Parlement, et fit concevoir au gouvernement qu'il pouvait, sans entraves ou difficulté aucune, au moyen de cet ancien acte, qui ne s'appliquait nullement à cette cause, la juger comme celle d'un assassinat. Souvenez-vous du procédé. L'attentat sur la vie de l'Empereur eut lieu le 10 janvier, et l'attorney général vous a dépeint les blessures infligées sur plusieurs personnes par Orsini, Pierri, Gomez, de Rudio. Le jury, sans doute, conçoit à l'instant même que quoique cela soit vrai, le prisonnier n'était point présent en cette occasion, et qu'il n'a nullement pris part à une affaire pareille. Je ne suis point ici aujourd'hui pour défendre un acte aussi lâche, aussi atroce que celui d'assassinat. Il serait inutile de discuter une question qui a attiré l'attention des philosophes et d'autres personnes: si un peuple opprimé avait le droit de se défaire d'un tyran qui les opprime, C'est une question qu'il serait inutile de discuter. Mais le crime d'assassinat était un crime atroce aux yeux du peuple anglais. Je suis heureux de pouvoir dire que la liberté de la parole existe encore dans le barreau en France; et en traitant le sujet d'assassinat, il ne pouvait mieux faire que d'adopter les paroles de M. Jules Fabre, l'avocat éloquent d'Orsini, qui dit que s'il existe une nation assez malheureuse pour être gouvernée par un tyran, ce ne serait pas le poignard qui briserait ses chaînes. Le Dieu qui gouverne tout, réserve pour un tel homme un châtiment plus terrible que ne pourrait lui porter la main d'un assassin. Telles étaient les paroles d'un homme non seulement éloquent, mais d'un savant et d'un philosophe. L'histoire atteste la vérité de ce fait. La Providence, dans ses voies mystérieuses et invisibles, permet à un tyran, pour un certain temps, de triompher sur les libertés d'un peuple ; mais elle lui réserve une rétribution inévitable, qui l'atteindra plus sûrement que la grenade ou le poignard d'un assassin. Le crime d'assassinat, même contre un tyran, était un crime qu'un jury anglais ne pouvait voir qu'avec horreur et indignation. Mais prenant tout en considération, et en se rappelant que l'Italie a été dépouillée de sa liberté par une infâme tyrannie, il est possible, pour ceux qui existent dans un pays gouverné par une reine bienfaisante et aimée de son peuple, d'apprécier les sentiments de ceux qui croyaient que leur liberté avait été foulée aux pieds par un tyran étranger, et qu'ils avaient le droit de secouer le joug d'un tyran. Mais revenons au sujet de ce procés : peu de temps après l'attentat sur la vie de l'Empereur, fait qui fut bientôt connu de toute l'Europe, on demanda, de la part de la France, que tous les exilés qui avaient trouvé un asile dans ce pays fussent rendus. Puis après, dans le *Moniteur*, les menaces des colonels français. Plus tard, le discours de l'ambassadeur de Louis Napoléon aux citoyens de Londres, suivi par la proposition du gouvernement de Lord Palmerston pour un acte intitulé : l'acte de conspiration. Tous ces faits, je les ai suivis de près, et je demande au jury si je ne suis pas en droit de dire que des vues politiques étaient enfermées dans cet acte d'accusation, conduit par un tyran étranger. Pour satisfaire à la demande de l'Empereur des Français, lord Palmerston a introduit un acte contre les conspirations ; acte qui fut rejeté de la Chambre des communes par les efforts de M. Gibson et de lord Johhn Russel, dont le nom est respecté et vénéré de tous, et qui a dit que ce serait une honte et une disgrace perpétuelles au peuple anglais, si un acte de Parlement pareil passait en Angleterre ; acte humiliant pour eux et dicté par l'Empereur des Français. Le bill fut en conséquence rejeté de la Chambre des Communes. Le généreux peuple anglais s'y opposait, et le Gouvernement de Parlmerston échoua.

La Chambre refusa de recevoir des ordres d'un allié, comme on pouvait l'appeler à juste titre ; mais un allié qui en même temps dictait ses lois à des puissances bien moins formidables, la Suisse et la Sardaigne. Le gouvernement de lord Derby remplaça celui de lord Palmerston ; et à l'attorney général de la reine a été confié cet acte d'accusation, qui avait déjà été commencé. Le gouvernement de lord Palmerston n'existait plus le 19 février, et à cette époque le prisonnier, qui avait été arrêté le 14 février, était déjà traduit devant la justice comme conspirateur, et ce n'est que le 13 mars que l'avocat du gouvernement, pour la première fois, à la cour de police, déclara que l'accusation de conspiration n'était pas abandonnée, mais remise pour un temps, afin que le prisonnier pût être traduit (sous un ancien acte du parlement) devant la Cour Suprême comme accessoire du crime d'assassinat.

Mais quelle était la position du gouvernement sous

lord Derby ? Le 19 février, le bill contre les conspirations fut rejeté. La Chambre des Communes déclara que le peuple anglais n'en voulait pas, et le gouvernement de lord Palmerston, le plus puissant qui ait existé depuis quelque temps, fut ébranlé. Lord Derby, diplomate distingué, savait bien qu'il ne pouvait présenter à la Chambre des Communes un bill qui avait déjà été rejeté. Que fallait-il faire ? L'Empereur des Français avait fait une demande, et il fallait faire quelque chose ; un avocat de capacité et de beaucoup d'expérience découvrit dans ses recherches un vieil acte du Parlement ; acte qui ne pourrait être appliqué à l'accusé plus qu'aux personnes qui composent le jury actuel; et le gouvernement en fait l'expérience pour essayer s'il n'y a pas moyen, par l'aide du jury, d'en tirer parti.

Il s'adressait à des hommes d'esprit, des hommes qui connaissaient l'histoire des nations et qui pouvaient apprécier ce qui se passait ; il leur avait raconté l'histoire et l'origine de cette poursuite judiciaire.

L'attorney général avait gardé le silence à ce sujet ; mais lui avait rempli le vide ; et au jury, il lui demanderait s'il ne l'avait pas rempli, ce vide, véritablement et correctement.

Comme il l'avait déjà dit, on ne pouvait à peine apprécier les sentiments qui animaient des hommes pour la liberté de leur pays, qu'on leur avait entièrement dérobé. On pouvait les imaginer, ces sentiments, mais on ne saurait les réaliser ou les apprécier entièrement. Etait-il surprenant qu'un patriote italien (qui voyait anéantir la liberté de sa patrie par une tyrannie étrangère), et qui pouvait peut-être encore retenir dans son cœur un souvenir de l'ancien courage des Romains, et dont l'espoir était d'être un jour libre du joug qui l'opprimait ? Etait-il étonnant qu'un homme brûlant d'amour pour sa patrie se liguât pour affranchir son pays du joug de celui qui l'accable ?   Les attentats contre la vie de l'Empereur ont été faits pour la plupart par des Italiens.   Ceux qui connaissent le système actuel des affaires n'ignorent pas que toute liberté d'opinion ou d'action n'existe plus en Italie.   L'armée française retient le Pape sur son trône, et toute liberté constitutionnelle est supprimée.   L'Italie, autrefois la république romaine, maîtresse de l'univers, possédait des institutions que nous avons adoptées; l'Italie, le berceau, pour ainsi dire, de la liberté, est passée à l'état de nullité politique; elle n'est plus qu'une lettre morte.   Quels seraient nos sentiments si, dans de pareilles circonstances, nous voyions notre pays foulé aux pieds et notre liberté éteinte ?   Nous vivons sous un gouvernement constitutionnel, et il serait presque impossible, pour le jury, d'apprécier parfaitement les souffrances et les sentiments qui animèrent le coeur de ces Italiens, qui étaient si attachés aux institutions libres de leur pays ; mais quant au prisonnier, on devrait prendre en considération qu'il avait pour motif le désir de rendre la liberté à sa patrie, en déclarant la guerre au tyran qui l'avait anéantie.   Qu'il lui soit permis, en second lieu, de leur demander de tourner les yeux vers la France, et de bien vouloir réfléchir s'ils ne pouvaient pas apprécier les sentiments des Français qui crurent avoir le droit de secouer le joug imposé par un tyran.   Depuis la grande révolution de 1789, dont les résultats sont l'éternel - honneur de tout esprit imbu de sentiments philosophiques et humanitaires, et qui renversa la dynastie des Bourbons, les représentants de la famille des Bourbons, de la famille d'Orléans, de Bonaparte et de la république, disputèrent le trône de France.   Grâces à Dieu, nous ne comprenons pas un pareil état dechoses en ce pays, car nous vivons sous le règne d'une souveraine que le peuple entier respecte et révère ; tandis que la France est excitée et inquiète.   Telle était donc la position des affaires après la révolution de 1789. En 1848 se termina le régne de Louis Philippe ; exilé de la France, il vint se réfugier en Angleterre. Sa Majesté l'Empereur des Français avait aussi trouvé dans ce pays un asile ; mais en 1848, les deux souverains changèrent de position : Louis-Philippe se rendit en Angleterre, et Louis Napoléon rentra en France. Louis Napoléon fonda ses espérances sur la volonté libre, ou, comme il disait, "souveraine du peuple." Il fut nommé président de la République par le vote unanime de 5,000,000 d'*électeurs*. Dans cette position, chef d'un gouvernement constitutionnel et dirigeant les destinées de la France, que ne pouvait-il pas faire ? Le prestige du grand nom qu'il portait l'avait placé dans cette position ; la gloire qui entourait ce nom l'avait accompagné ; et là, au sommet de son ambition politique, il fit serment de défendre et maintenir dans leur intégrité l'indépendance et la liberté de la France. Il avait changé de place avec Louis-Philippe. Voilà donc l'asile que le gouvernement de lord Palmerston a invité la Chambre des Communes à annuler, et qu'on voudrait aujourd'hui que le jury anéantisse.

Louis Napoléon a été en exil dans ce pays aussi bien qu'en Suisse, et les Suisses ont refusé de le renvoyer lorsque Louis-Philippe leur en fit la demande, lui l'ancien exilé des Etats-Unis, des bords du Rhin, des montagnes de la Suisse, qui résonnent encore du nom de Hofer et de Tell; des vastes plaines de l'Amérique, des bords de l'Angleterre libre et indépendante, il fit mettre en circulation ces écrits qui eurent pour résultat que le peuple lui confia les destinées de la France.

Déclaré chef d'un pays constitutionnel, il prêta serment de maintenir inviolable la liberté de la France ; mais, à peine ce serment prononcé, il le viola. (mouvement de satisfaction dans l'auditoire.)

Pendant un certain temps, il fut Président d'une assemblée constitutionnelle, qui ressemblait à notre Chambre des Communes, et qui, en théorie, approche, on pourrait dire, de la perfection.

L'attorney Général fait mention des 256 blessures causées par l'explosion des grenades, mais peut-on comparer ces blessures à celles infligées par les soldats français dans un état d'ivresse, sur des hommes, des femmes et des enfans sans défense ?

Le Président ne pouvait plus gouverner selon le génie de la Constitution; il y avait dans cette assemblée des hommes plus attachés à l'ordre que lui, des hommes qui n'avaient jamais commis d'actes de trahison contre le gouvernement du jour; il y avait là Cavaignac, dont le patriotisme et l'esprit de liberté ne pouvaient être surpassés, ainsi que Changarnier, Thiers, Lamoricière et Bedeau.

Que fit Louis Napoléon le 2 Décembre ?

Sans cause aucune, sans motif, il fit arrêter ces membres de l'Assemblée des Représentans. Sans cause aucune, il envoya des soldats ivres à la Cour de Cassation, où les juges étaient assemblés pour le juger sur un acte d'accusation. Il déchaîna ces soudards avinés sur une foule de personnes sans armes, et incapables de résistance; et ensuite il se fit nommer par une élection frauduleuse. Tous ceux qui s'opposèrent furent jetés dans les cachots français, dépéchés aux régions arides de l'Algérie, ou au sol marécageux et malsain de Cayenne, et il s'est dressé pour lui un trône sur les ruines de la liberté d'un grand peuple.

Voilà la brève histoire de la France, à l'époque où cet acte d'accusation fut institué.

Le prisonnier est accusé d'avoir été accessoire (avant le fait) de l'assassinat de Nicolas Battie; et il est nécessaire qu'on puisse prouver que cet assassinat a été conseillé, causé à l'instigation du prisonnier. Voilà l'accusation que le gouvernement veut prouver, mais avant que le jury ne puisse condamner, sur une accusation pareille, il est nécessaire que le jury soit convaincu que les faits, tels que le gouvernement les spécifie, sont conformes à la vérité.

M. le Baron Alderson a prononcé cette opinion dans un ouvrage intitulé : *Russell*, au sujet des crimes, vol. 2 page 727.

Il faut conséquemment prouver clairement l'acte d'accusation, avant qu'un jury puisse envoyer le prisonnier á un échaffaud anglais, et qu'il a été coupable d'avoir été l'instigateur de l'assassinat en question, et que le témoignage n'est pas favorable au prisonnier, le témoignage ne prouvait nullement qu'il formait un complot pour la régénération de son pays, ou qu'il avait pris la détermination d'assassiner l'empereur, Le gouvernement veut prouver cette proposition : Il est prouvé qu'un assassinat a été commis à Paris, et il est évident qu'Orsini, Pierri, Rudio et Gomez, par l'effet d'une détermination formée soudainement, se sont servi de ces matières combustibles qui n'avaient pas été fabriquées pour détruire l'Empereur mais dans un autre but.

Mais faut-il qu'un homme innocent souffre ? Le gouvernement devrait d'abord prouver une combinaison entre le prisonnier et Allsop, l'anglais qui a commandé et qui a payé pour les grenades, entre les mois d'octobre et de novembre 1857. M. Allsopp, vous dit l'avocat du gouvernement, avait commandé les grenades á M. Taylor, de Birmingham, et elles lui furent livrées le 23 novembre 1857, et on a tâché de compromettre M. Bernard dans cette affaire. On a dit que le Dr. Bernard s'était rendu chez de Giorgi au Café Suisse, et l'avait poussé à transporter les grenades à Bruxelles, et que plus tard, ces grenades étaient transportées de Bruxelles à Paris par Casimir Zieghers, et livrées à Orsini. Tel est le résumé de l'acte d'accusation du gouvernement. A-t-il pu prouver, comme il le desire, à la satisfaction du jury, que les grenades que M. Taylor avait fabriquées à Birmingham, et qui avaient causé tant de désastre à Paris, avaient passé par les mains du docteur Bernard, Il maintenait qu'on n'a pu prouver que ces grenades étaient les mêmes. On se rappelle que Taylor avait fabriqué six grenades complètes ayant deux côtés chacune; le diamètre d'un côté était de trois pouces, et de l'autre côté 4 pouces, avec 25 trous dans chaque grenade. Deux des grenades fabriquées par Taylor à Birmingham, au dire de l'avocat du gouvernement, furent trouvées *intactes* à Paris après l'explosion; trois, on suppose, avaient éclaté durant l'attentat près de l'Opéra, et une qui a été trouvée sur Pierri, ce qui complète les six; il serait donc nécessaire de prouver que toutes les grenades fabriquées par Taylor avaient 25 trous, et que toutes celles qui avaient été apportées par Giorgi à Bruxelles sur l'ordre du prisonnier, avaient le même nombre de trous, et qu'elles étaient les mêmes que celles qui avaient éclaté à Paris, le 14 janvier.

Si le gouvernement ne pouvait soutenir cette thèse, il lui était impossible d'inculper le prisonnier. Que le dit Dr. Bernard avait fait transporter à Bruxelles certains instruments dont on devait se servir en cas d'un soulèvement général pour la régénération de l'Italie, (*c'est admis*) mais il déniait le fait que ces instruments ussent fabriqués pour commettre un attentat contre la vie de l'Empereur. L'avocat du gouvernement a tâché de faire parler les témoins au préjudice de la vérité, dans le but de prouver que le prisonnier avait pris part à cet attentat, mais le témoignage des témoins a prouvé le contraire. Le premier témoin, pour prouver l'identité des grenades, c'était Giorgi. J'abhorre, dit l'avocat, d'accuser un homme d arpur, moins d'y être contraint par mon devoir, tout sacré po moi, mais je dirai au jury que Giorgi a paru devan eux comme témoin, dans des circonstances toutes particulières, et le jury ne pouvait point oublier que ce témoin possédait une mémoire des plus élastiques.

En ce moment même il était menacé d'un mandat d'arrêt; mais il espérait, a-t-il dit, après son témoignage, qui avait pour but de faire condamner ce malheureux accusé, pouvoir rentrer dans ses foyers, et régler ses affaires de famille.

Nous ignorons, en Angleterre, de quelle manière et comment on règle de pareilles affaires sur le continent; et que Dieu nous en garde ! (Sensation.) Quant à Giorgi, que le jury se rappelle de quoi dépendait son sort. Soupçonné d'avoir été compromis dans l'attentat, il fut arrêté et mis en prison pendant 26 jours; et il a eu l'audace de se présenter devant un jury anglais ; lui que les autorités de Bruxelles menacent d'un mandat d'arrêt, peut-étre même à l'instigation du gouvernement français, et son seul but était celui de faire condamner le prisonnier. On fit voir à Geiorgi, durant son interrogatoire, une des grenades trouvée immédiatement après l'explosion, et il a dit que les grenades que le prisonnier avait apportées du café suisse, dans la rue Titchborne (comme échantillons) ressemblaient à celle produite devant la cour, mais qu'elles n'avaient pas de vis à leur extrémité. Il m'en a montré cinq, mais elles n'étaient pas de la même grandeur : l'échantillon consistait en cinq moitiés de l'instrument exhibé, trois de la partie supérieure de la grenade et deux de la partie inférieure. La partie inférieure contenait environ cinq à six trous, mais pas autant que celle qu'on vient d'exhiber, puis il dit qu'il n'a point vu de grenades qui avaient 25 trous contenant une balle et que le prisonnier lui avait remis. Il était pourtant possible, a-t-il ajouté qu'il s'en soit trouvé une qui avait cinq ou six trous.

C'est alors que l'Attorney Général lui demanda s'il

était certain qu'il n'y avait pas vingt-cinq trous dans ces grenades. L'idée qu'il était menacé d'un mandat d'arrêt de Bruxelles lui fait se souvenir que les grenades contenaient vingt-cinq trous (l'auditoire sourit).

Et c'est là ce témoin qui, menacé d'être empoigné par mandat d'arrêt, soit de la France ou de la Belgique, ôse se présenter aujourd'hui devant un jury anglais ? sans doute qu'au sujet du mandat on se serait arrangé, selon le témoignage qu'il aurait présenté à cette Cour ; et si son témoignage n'eût point été comme ses supérieurs le désiraient, M. Giorgi, à son retour à Bruxelles, aurait eu l'extrême plaisir de subir vingt-six jours de prison (sourires).

Mais j'oublie, dit l'avocat, que Giorgi, en répondant aux questions que lui fit l'Attorney Général, a ajouté qu'il y avait vingt-cinq trous dans les grenades ; le résultat est donc tout simplement qu'il a ajouté le nombre de quinze trous *seulement*. Cela pouvait-il être ainsi ?

Le juge devant lequel l'accusé est traduit fera la lecture du témoignage au jury, et s'il a présenté les faits sous un faux jour, le juge en fera mention.

Il s'agit maintenant du témoignage de Julien Fournarier, garçon au Café Suisse, à Bruxelles, qui a dit qu'il se souvenait que M. Giorgi y était venu dans le mois de décembre dernier. Le jour après son arrivée, je vis les moitiés de quelques balles sur la cheminée du salon où il était permis de fumer. Il y avait les moitiés de dix et elles paraissaient être de trois différentes espèces : dans deux il y avait des trous, dans d'autres il y avait de vingt à vingt-cinq trous ; cinq de ces trous étaient environ de même dimension que *celui-ci*, et je crois que chaque partie contenait une vis. (Je prends, dit l'avocat, l'extrait du *Times qui est correct.*)

Fournarier, plus tard, admet avoir vu de 20 à 25

trous dans quelques-unes des grenades ; mais, interrogé de nouveau, il ne peut pas dire qu'il y avait 25 trous et même pas 15. Il est possible, disait ce témoin, qu'il y en ait plus ou moins que 15. Il ajouta que le juge d'instruction l'avait tant questionné qu'il ne savait point ce qu'il disait.

Maintenant, quand au témoignage de Righensi, il n'a rien témoigné de favorable au gouvernement, loin de là ; Righensi n'était pourtant pas menacé d'un mandat d'arrêt ; il était indépendant du gouvernement et de la police.—Que dit Righensi ? Il dit qu'il a fait un dessin qui correspondait aux balles qu'il avait vues au Café Suisse, à Bruxelles : mais quand on lui met entre les mains une des grenades trouvées à Paris le 14 janvier, il répond qu'elle ne ressemblait nullement à celles qu'il a vues au Café Suisse, à Bruxelles. Le dessin étant fait immédiatement après avoir vu les grenades, le jury verra que, d'après le dessin du témoin, il n'y avait que 7 trous, tandis que la grenade qu'on lui avait mise entre les mains en contenait 25.

Il s'agît maintenant du témoin Casimir Zighers qui accompagna Orsini jusqu'à Paris, avec le cheval, emportant avec lui un sac contenant les boulets qu'on lui avait remis au Café Suisse, à Bruxelles. Zighera, plus que les autres témoins dans cette Cour, était à même d'avoir vu les balles. Il les vit sur la cheminée de l'estaminet ; arrivé à la frontière, il les prit l'une après l'autre du sac de nuit et les examina, et puis les remit dans le sac ; à son arrivée à Paris, il les ôta de nouveau du sac, dans le corridor de l'hôtel, et les plaça sur un banc, et maintenant que dit le témoin ? Il dit qu'il n'avait point remarqué de trous dans ces *balles*. Quant un témoin pour le gouvernement s'exprime ainsi, il est de la plus grande importance de savoir combien ce témoin avait eu d'occasions différentes de voir les objets en question ; et, prenant en considération les occasions que Zighers avait non-seulement de voir, mais d'avoir entre ses mains ces grenades, il est extraordinaire qu'il ne pouvait les reconnaître comme étant pareilles à celles qu'il avait vues, et qu'au contraire elles n'étaient point les mêmes. Tel était l'état des choses durant la séance du mercredi. Les témoins n'ont pu reconnaître les instruments en question.

Dans ce dilemme, on fait paraître devant la Cour un autre témoin ; ce témoin, l'épouse de Righensi, arrive de Bruxelles par l'avis d'un monsieur (homme qui veut se mêler de tout). (Sourires.)

Que dit Mme Righensi ? Qu'elle avait compté le nombre des trous dans les balles qu'elle avait vues au Café Suisse, à Bruxelles, et qu'il y avait de 24 à 28 trous.

Les autres témoins qui ont parlé au sujet du nombre des balles qu'ils avaient vues au Café Suisse l'avaient estimé d'une manière tout-à-fait différente et de même avec des trous. Un des témoins a dit qu'il ne s'était même pas aperçu qu'il y avait des trous.

De telles circonstances détruisent les assertions de ces témoins ; c'était comme si ces témoignages n'eussent pas eu lieu.

Le gouvernement n'avait pas réussi à prouver que le Dr. Bernard fut jamais, à aucune époque, en possession des grenades dont on s'est servi pour l'attentat. A cette occasion, on s'était servi d'un instrument tout-à-fait différent de celui que le prisonnier avait remis à Giorgi pour emporter avec lui à Bruxelles. Malgré les grandes tentations offertes aux témoins, l'avocat du gouvernement n'a pas pu réussir à prouver l'identité des grenades.

Quant aux pistolets achetés à Birmingham, par Orsini et Pierri, il ne niait pas qu'Orsini ait procuré des armes en cas d'une émeute populaire en Italie et que le Dr. Bernard y contribuait aussi ; mais il niait le fait que le docteur Bernard eût aucune connaissance de l'attentat contre la vie de l'Empereur. En parlant ainsi, il n'avait point l'intention de le dérober à la responsabilité qu'il avait prise sur lui, dans le cas d'un soulèvement général dans le pays déjà nommé.

Mais le gouvernement n'a rien pu prouver contre le prisonnier, vu que le prisonnier n'avait jamais conseillé ou excité quelqu'un à commettre le meurtre dont il s'agit et pour lequel il est traduit devant la Cour, comme accessoire. Mais je ne nie pas (dit l'avocat) que lui, avec beaucoup d'autres, avait procuré des armes pour venger leur indépendance, ce qui correspond aux témoignages énoncés.

De quelle manière et par quelle voie les pistolets ont-ils été envoyés en France ? Selon le témoin King, le commis du bureau du chemin de fer, à l'époque où M. Bernard (qu'il avait connu depuis des années) était venu au bureau avec un paquet pour M. Outrequin ; *il* fit la déclaration de la valeur des pistolets et, en même temps, il donna son nom et son adresse. Chose à remarquer, qu'à l'exception de l'adresse qu'il donna à Mme Rudio, durant toute cette époque il n'a jamais tâché de cacher ou son nom ou son adresse. Le passeport avec lequel il a voyagé à Bruxelles portait son nom et son adresse ainsi que le billet de banque de 20 livres qu'on lui avait donné, et quand il a porté le paquet au bureau du chemin de fer, il a agi avec la même franchise. Quant à la lettre d'Allsop, qu'on a trouvée en sa possession : la seule fois que le prisonnier a été vu en compagnie d'Allsop était en juillet 1857 époque à laquelle Allsop était à la veille d'obtenir quelques avances sur ses propriétés. Cette lettre d'Allsop, datée du 1er janvier 1857 devait-elle être associée aux faits mémorables du 14 janvier 1858, plus d'une année après ; s'il en était ainsi, aucun homme ne serait en sûreté s'il n'eût point répondu à une lettre ou bien qu'il l'eût mise dans le feu. Il existe dans cette lettre un passage qui donnerait lieu de croire qu'Orsini, le Dr. Bernard et d'autres avaient depuis longtemps prévu un soulèvement général en faveur de la liberté de tous les Etats de l'Italie : "Je n'ai pas, dit l'écrivain de cette lettre, reçu une réponse aux communications que vous vous étiez proposé d'envoyer en Italie." Je ne doute pas qu'un mouvement n'ait été imminent depuis longtemps. Supposons pour un instant que nous soyions exilés de notre patrie, par une dynastie qui foule aux pieds la liberté du peuple, ne serions-nous pas dominés par cet esprit de liberté qui opère sur tout homme dans un pareil cas et qui l'inspire à recouvrer ses libertés ? Y a-t-il quelque chose d'étonnant que ces hommes eussent des aspirations pour la liberté de leur pays, témoins qn'ils étaient de la liberté qui régnait en Angleterre qui leur avait fourni un asile. Ils n'ont jamais conspiré contre Sa Majesté la Reine ; ils n'ont jamais insulté aux Anglais, mais il n'est pas surprenant qu'ils se soient combinés pour la restauration de la liberté dans leur pays.

D'après l'espion Rogers, et je l'appelle ainsi devant une Cour anglaise de justice ; le Dr. Bernard a commis un terrible crime en parlant dans une société de débats à Leicester square au sujet de l'avantage d'une liberté constitutionnelle sur le despotisme. Que tout homme dorénavant dans cette grande cité supprime ses pensées et ses paroles quand il se trouve dans un salon de débats. Il conseillerait M. Rogers de se rendre au Parlement et de rapporter ses paroles à ses supérieurs (on rit), et parce que M. Allsop avait écrit dans la lettre en question, l'opinion d'un homme écervelé et enthousiaste, en janvier 1857, on a tâché d'associer M. Bernard avec ces opinions, quoiqu'il n'y avait rien qui pût prouver qu'il sympathisât avec elles. Mais, au contraire, selon Rogers l'espion, le discours que fit le Dr.

Bernard à la société des débats de Leicester square, était si faible en matière, qu'il n'a pas jugé nécessaire même d'en faire le rapport ; et cette lettre, on a voulu la produire contre le prisonnier, qui est accusé de meurtre, lettre à laquelle on n'a pu prouver qu'il eût répondu ou qu'il l'eût adopté.

Existe-t-il un membre du Parlement, un membre du barreau, un homme voué à la littérature, ou un rédacteur de journal qui n'aient point reçu de communications d'enthousiastes politiques, qui peut-être ne les auront pas lues.

Que tout homme public, à l'avenir, considère le sort qui l'attend, si Rogers l'espion s'introduisait, par un hasard, dans une maison où il aurait l'occasion de s'emparer d'une lettre ou d'une brochure égarée, dont peut-être les expressions seraient trop violentes. Au sujet de la lettre d'Orsini trouvée dans l'appartement de Bernard, cette lettre ne contenait qu'une partie de la matière dont se composaient les discours qu'Orsini était dans l'habitude de prononcer dans certaines séances. De là l'expression d'Allsop, qui avait dit qu'il était bien content qu'Orsini fît des progrès. Quant à la lettre d'Orsini, dans laquelle il parlait de la société des Rouges, et qu'elle faisait des progrés rapides et extraordinaires, il leur disait qu'à l'époque où lord Eldon était juge, l'agitation qui eut lieu dans ce pays, et dont le but était la réforme du Parlement, cette réforme était traitée avec les mêmes sentiments de dégoût et de mépris que l'est maintenant le *nom seulement* de République rouge.

Le gouvernement s'est appuyé beaucoup sur le témoignage de Mme Rudio ; voici le fait : Rudio était un homme réduit à la misère, instrument dont le prisonnier pouvait se servir, et il fut engagé pour commettre cette assassinat. Telle était la déclaration du gouvernement ; mais *existe-t-elle* en réalité ? Instruite par la police, Mme Rudio a rendu son témoignage d'une manière digne de louanges. Elle avait été continuellement sous les yeux de la police. Depuis qu'elle avait séjourné à l'hôtel Bedford, à peine était-elle libre de ses actions. On a prouvé que quatre agents de police l'avaient visitée de jour en jour à l'hôtel Bedford; et l'un ou l'autre était constamment avec elle.

Elle ne savait pas le français, et savait très-peu l'italien : et personne ne put connaître le motif qui avait fait engager Rudio, excepté Orsini, Pierri et le prisonnier. Les bouches de toutes ces personnes étaient fermées, Mais le gouvernement aurait pu faire venir Rudio en Angleterre pour prouver le fait, quoiqu'on ait fait courir le bruit, sans fondement, qu'arrivé à Londres, il aurait été mis en liberté en vertu de l' *habeas corpus*.

Quant aux matériaux pour la composition de la poudre fulminante il a été prouvé qu'on avait acheté une quantité suffisante pour charger 5 à 600 grenades ; et il est évident par là que le prisonnier avait organisé une vaste entreprise dans le but de restaurer la liberté á son pays opprimé, et qu'Orsini dans un moment fatal pour lui, a cédé à une impulsion soudaine, et a attenté à la vie de l'Empereur dont le résultat fut si déplorable.

On avait accordé la vie à Rudio, mais on ne l'a point fait paraître dans ce procès; et, comme il était absent, il serait impossible au jury de déclarer selon le témoignage qui a été donné, que Rudio avait été engagé par le prisonnier à attenter à la vie de l'Empereur. Le témoin Elize Cheney avait subi un examen au sujet d'Orsini quand il quitta l'Angleterre, et elle a répondu qu'elle avait tout lieu de croire qu'il était allé en Italie ; ajoutant en même temps que quand M. Bernard est venu à sa demeure, après l'attentat, il paraissait surpris d'apprendre qu'Orsini était à Paris, il le croyait aussi en Italie. Qu'il se permette de nouveau de rappeler au jury que si ces faits, qui sont attestés étaient en faveur du prisonnier; et s'ils correspondaient avec la mise en accusation du prisonnier par le gouvernement, le jury ne pouvait pas le condamner. Supposons qu'Orsini eût écrit une lettre à Bernard, dans laquelle il eût dit : envoyez-moi ici Rudio, pour qu'il puisse m'aider á accomplir une entreprise dont le but serait la régénération de notre mutuelle patrie, qu'y aurait-il là d'incompatible avec l'innocence du prisonnier ?

L'absence de Rudio était trop prolongée pour être calculée en vue d'une attaque soudaine sur la vie de l'Empereur car, par un aarangement déjá fait, on devait payer, chaque semaine, une somme à la dame Rudio. Si Rudio avait pu prouver qu'il avait été salarié pour commettre un assassinat, son témoignage aurait été de la plus grand importance pour le gouvernement, tandisque l'absence de cet homme constate qu'il lui était impossible de rien témoigner à ce sujet. Il recommande ce point à l'attention du **jury**, car le prisonnier ne voulut pas qu'on eût l'idée pour un seul instant, qu'il avait engagé un pauvre et **malheureux** homme à commettre un acte aussi infâme que celui de l'assassinat. Il est indispensable que le jury soit convaincu de la culpabilité réelle du prisonnier, mais s'il existait un doute, comme il avait tout lieu de croire, le prisonnier devait en profiter.

Des papiers trouvés sur le prisonnier, ont été présentés á la Cour, nais aucun papier ne fut trouvé en la possession d'Orsini, de Pierri, de Rudio ou de Gomez, avec lesquels le prisonnier etait censé entretenir une correspondance.

Je ne suis pas (a dit l'avocat) dans une position à faire part au jury de la déclaration d'Orsini, peu d'instans avant sa mort, mais il devait savoir que c'ét ait un fait historique qu'aucun document, qu'aucune lettre n'avaient été trouvés en possession de ces quatre personnes venant de la part du prisonnier, chose inévitable si le prisonnier avait conspiré avec eux.

Malgré l'intelligence de la police française, qui était auss adroite qu'à l'époque du comité de salut public, elle n'a pu, malgré tous ses efforts, induire l'épouse d'un homme qu'elle chérissait, à témoigner contre lui. Aucune lettre de la part du prisonnier ne fut trouvée dans la possession de cet homme. Je viens (a dit l'avocat) de faire mes observations au sujet de ce procès, et je vous demande, messieurs les membres du jury, s'il vous est possible d'envisager la loi de telle manière que vous puissiez céder votre verdict pour le gouvernement. Je vous demande, messieurs, si le témoignage est suffisant pour que vous puissiez envoyer à l'échafaud le prisonnier ici présent. J'aurais pensé que puisqu'Orsini et Pierri avaient expié leur crime sur la Guillotine, leur mort aurait suffi aux lois et à la justice française ; j'aurais cru que quand le bill de conspiration fut rejeté (bill introduit dans le Parlement pour plaire à l'Empereur, qui a menacé les cours de Sardaigne et de Suisse) j'aurais cru, je le répète, que le procureur du gouvernement aurait été satisfait. Mais non, loin de là. Quoiqu'on puisse traduire le prisonnier devant la Cour pour avoir conspiré, on a tâché de le déclarer coupable d'assassinat au moyen d'un vieil acte du parlement, qui ne s'applique nullement à ce cas, et qui n'est qu'une moquerie atroce.

Le gouvernement français a pour but, s'il était possible, d'établir par votre décision, messieurs les membres du jury, une règle qu'un exilé ne doit point être protégé en ce pays. L'Angleterre se vante, à juste titre, d'être telle que Cicéron dépeint Rome : *"Regum, populorum, nationum, portus et refugium."* Ces expressions peuvent s'appliquer à ce pays. Ici, on a vu des rois, des prêtres, des nobles exilés de leur patrie. L'empereur Napoléon, dans son exil en Angleterre, conspirait contre le trône de Louis-Philippe, et maintenant il voudrait pour toujours anéantir un asile dont lui-même il eût besoin. Permettrez-vous, messieurs, que les lois du pays soient perverties pour lui convenir ? J'espère que vous réfléchirez bien avant de le permettre, et que vous verrez qu'il existe des doutes souffisants dans ce procès pour que vous puissiez rendre un verdict de non culpabilité en faveur du prisonnier. Il serait inutile de vous rappeler qu'il a été des plus avantageux pour ce pays d'avoir ouvert un refuge de tout temps à l'exilé de toute nation. La commande ou requête de Philippe II, roi d'Espagne, causa une insurrection en Hollande, et forma la base du protestantisme en ce pays. Par les effets de la révocation de l'édit de Nantes, les Saurin, les Romilly et les Labouchère se sont établis dans ce pays, et ont développé leurs lumières. Détruirez-vous, messieurs, à lä demande d'un tyran voisin, l'asile que tout étranger a toujours pu réclamer en ce pays. Non ! je suis persuadé que vous ne le ferez pas. Je vous supplie au moins de réfléchir avant de le faire, car je crois consciencieusement que vous ne vous apercevez pas encore quel pourrait en être le résultat.

Messieurs j'ai terminé.

J'ai rempli mon devoir envers l'accusé selon ma capacité; je l'ai rempli, je l'espère, en avocat anglais, sans peur et consciencieusement. Je vous conjure, Messieurs, de remplir le vôtre avec fermeté, consciencieusement et sans crainte. Après la réponse de l'Attorney Général, celui qui tient la balance de la Justice en ses mains remettra cette cause à votre décision : que le verdict soit bien le vôtre; ne soyez point influencés par de vaines craintes au sujet d'armements et d'invasion de la part de la France comme au temps de l'affaire Peltier.

Vous ne serez pas, Messieurs, intimidés par les menaces d'une puissance étrangère et vous n'enverrez pas l'accusé à l'échaffaud!; vous ne chagerez pas les lois de ce pays pour plaire à un dictateur étranger.   Non !

Vous direz à l'avocat du gouvernement que le jury constitue le sanctuaire de la liberté en ce pays ; vous lui direz qu'ici-même, vos prédécesseurs ont mis opposition au pouvoir d'un gouvernement tyrannique ; dites-lui qu'en toute occasion de difficultés et de dangers vos prédécesseurs ont maintenu les libertés politiques de ce peuple ; dites-lui que le verdict d'un jury anglais est basé sur des principes éternels de justice ; dites-lui que soutenus par le droit,, des menaces d'invasion ne sauraient l'effrayer ; dites lui que six cent mille bayonnettes scintillant à vos yeux, et que tous les canons français grondant à vos oreilles, vous n'en êtespas moins résolus à rendre le seul verdict que votre conscience puisse approuver, sans avoir égard si ce verdict sera conforme au bon plaisir d'un tyran ou s'il aura pour effet d'ébranler pour toujours un trône que ce tyran a fondé sur les décombres de la liberté d'un peuple jadis libre et puissant,

Dans la séance du 17, l'attorney général prend la parole et termine en disant que si le jury est convaincu de la culpabilité du prisonnier, il fallait qu'il fît son devoir ; mais que s'il avait le moindre doute, au nom de Dieu et de la justice, il le renvoyât absous.

A deux heures moins un quart la séance est reprise, et lord Campbell termine son résumé à trois heures moins un quart.

A la fin de ce résumé, M. Bernard, qui a prêté une attention très grande aux paroles de lord Campbell, prend la parole avec une grande vivacité. (Agitation dans l'auditoire.)

"MM. les jurés, dit-il, je déclare que rien ne prouve que les grenades que De Giorgi a emportées à Bruxelles sont ce que je lui ai remis." Je n'ai voulu amener personne ici pour ma défense parce que je n'ai pas l'habitude de compromettre qui que ce soit, mais je dois déclarer que je ne suis pas homme à payer des assassins. Le sang de ceux qui sont morts le 14 janvier ne pèse pas sur ma conscience. Je conspire pour la liberté contre le despotisme et contre la tyrannie, je conspirerai toujours, parce que c'est un devoir sacré, mais jamais je ne serai un meurtrier, jamais je ne serai un assassin."

Ces paroles prononcées avec une grande énergie paraissent produire une profonde impression, non seulement sur l'auditoire, mais aussi sur le jury.

Quelques applaudissements se font entendre dans la partie des galeries réservée au public.

Le jury se retire dans la salle de ses délibérations vers trois heures au milieu d'une vive agitation qui se prolonge après le départ de la Cour qui quitte également la salle d'audience.

A quatre heures précises, la nouvelle, de l'accord du jury est donnée. Les colloques particuliers sont suspendus, et les jurés rentrent à l'audience et déclarent le prisonnier NON COUPABLE.

A peine cette parole est-elle prononcée, qu'une scène indescriptible se passe dans la Cour. Les cris de *Bravo! bravo!* les *hurrah!* éclatent de toutes parts et de tous les points, dans les galeries, sur le banc des avocats, dans les couloirs, et jusque sur les bancs réservés derrière la Cour, et qui, ainsi que nous venons de le dire, étaient principalement occupés par des personnages politiques.

Avant de se retirer de la barre, M. Bernard prononce les paroles suivantes :

"Messieurs les jurés, votre verdict est l'expression de la vérité ! Je vous le jure ; je veux combattre pour la liberté contre la tyrannie, mais je ne serai jamais un assassin. Non! je ne suis pas coupable ! Honneur au jury anglais! L'Angleterre a toujours été et sera toujours la terre de la liberté L'Angleterre écrasera toujours la tyrannie là où elle lèvera la tête !"

Depuis, le gouvernement a résolu d'abandonner toute poursuite contre lui et l'attorney général a déclaré cette résolution à la Chambre des communes.

Imprimé chez C. HOUSEFIELD, 3, Litchfield Street, Soho.